恐龙王国

童心 编绘

化学工业出版社
·北京·

编写人员：

王艳娥　王迎春　康翠苹　崔　颖　王晓楠　姜　茵　李佳兴　丁　雪　李春影
董维维　陈国锐　寇乾坤

图书在版编目（CIP）数据

童眼识天下.恐龙王国/童心编绘.—北京：化学工业出版社，2018.8（2025.1重印）
ISBN 978-7-122-32490-0

Ⅰ.①童… Ⅱ.①童… Ⅲ.①科学知识-少儿读物②恐龙-少儿读物 Ⅳ.①Z228.1②Q915.864-49

中国版本图书馆CIP数据核字（2018）第136487号

责任编辑：隋权玲　　　　　　　　　　　　　文字编辑：焦欣渝
责任校对：王　静　　　　　　　　　　　　　装帧设计：尹琳琳

出版发行：化学工业出版社（北京市东城区青年湖南街13号　邮政编码100011）
印　　装：北京宝隆世纪印刷有限公司
889mm×1194mm　1/24　印张4　2025年1月北京第1版第6次印刷

购书咨询：010-64518888　　　　　　　售后服务：010-64518899
网　　址：http://www.cip.com.cn
凡购买本书，如有缺损质量问题，本社销售中心负责调换。

定　　价：22.80元　　　　　　　　　　　　　　　　　　　　　版权所有　违者必究

前言 FOREWORD

当当当！最著名的史前动物大明星——恐龙来啦！

为什么恐龙的名气这么大呢？原来，在地球漫长的历史中，恐龙曾称霸地球长达1.6亿年之久，甚至被誉为"地球上最成功的物种"。而《恐龙王国》一书将带你认识这些了不起的"大明星"。

原始而古老的始盗龙、健壮而沉重的梁龙、威猛而霸道的雷克斯暴龙、全副武装的甲龙——这些或大或小的家伙，有的坚定践行素食主义，有的却无肉不欢，还有的两者兼之，荤素不忌。就是独具个性的它们，在中生代共同谱写了属于自己的传奇。

看到这里，你是不是已经对神秘的恐龙王国产生了浓厚的兴趣？那还等什么？在这本《恐龙王国》里，你会找到想探索的一切。

目录 CONTENTS

什么是恐龙	06
恐龙的家族分支	08
植食性恐龙	10
肉食性恐龙	12
恐龙的灭绝	14
恐龙留下的印记——化石	16
存活至今的恐龙后代	18
黎明的盗贼——始盗龙	20
最早的大个子——板龙	21
懂得战术的理理恩龙	22
轻盈的猎手——腔骨龙	23
大头蜥蜴——井合踝龙	24
恐龙中的小个子——鼠龙	25
头顶"王冠"的双嵴龙	26
凶猛的掠食者——异特龙	27
奔跑健将——莱索托龙	28
身体小巧的"盗鸟者"——嗜鸟龙	29
身穿"铠甲"的小盾龙	30
不太聪明的剑龙	31
长着三种牙齿的异齿龙	32
爬树高手——美颌龙	33
鼻子上长角的角鼻龙	34
凶猛残忍的蛮龙	35
第一种被命名的恐龙——巨齿龙	36
剑龙的祖先——华阳龙	37
独行的猎手——永川龙	38
恐龙中的"剑客"——沱江龙	39
尾巴上长锤子的蜀龙	40
尾巴长长的梁龙	41
脖子最长的恐龙——马门溪龙	42
能使大地震动的恐龙——地震龙	43
拥有"第二大脑"的腕龙	44
温顺的巨龙——圆顶龙	45
最早被命名的恐龙之一——大椎龙	46
最原始的禽龙——弯龙	47
长着尖刺的钉状龙	48
最早被发现的恐龙——禽龙	49
长着华丽羽毛的尾羽龙	50
敏捷的捕食者——犹他盗龙	51

娇小的四翼恐龙——小盗龙 52	以神命名的泰坦龙 67	凶猛的恐龙王——霸王龙 82
恐怖杀手——恐爪龙 53	超级巨龙——阿根廷龙 68	同类相残的恐龙——玛君龙 83
爱吃鱼的重爪龙 54	嘴巴扁扁的鸭嘴龙 69	恐龙的远亲近邻 84
长着背帆的棘龙 55	勇敢的蜥蜴——豪勇龙 70	振翅飞翔的蓓天翼龙 85
既像鸟又像龙——中华龙鸟 56	头顶"小号"的副栉龙 71	牙齿外突的喙嘴龙 86
被冤枉的窃蛋龙 57	恐龙中的"独角兽"——棘鼻青岛龙 72	巨龙身上的寄生者——蛙嘴龙 87
行动敏捷的盗贼——伶盗龙 58	牙齿多多的埃德蒙顿龙 73	在海边滤食的南翼龙 88
小型奔跑者——驰龙 59	像坦克一样的甲龙 74	最大的飞行者——风神翼龙 89
噬人鲨般的大蜥蜴——鲨齿龙 60	最佳武装恐龙——包头龙 75	最爱吃鱼的无齿翼龙 90
凶猛的掠食者——南方巨兽龙 61	人类发现的第一只角龙——原角龙 76	在海上奔跑的掠海翼龙 91
聪明的伤齿龙 62	长相奇怪的厚鼻龙 77	海洋杀手——幻龙 92
模样古怪的镰刀龙 63	身材苗条的似鸟龙 78	脖子长长的蛇颈龙 93
头上长角的食肉牛龙 64	角龙之王——三角龙 79	眼睛巨大的大眼鱼龙 94
长着鸟嘴的鹦鹉嘴龙 65	头顶厚厚头盔的肿头龙 80	海中猛兽——滑齿龙 95
恐龙家族的好妈妈——慈母龙 66	恐龙家族的"小丑"——冥河龙 81	远古海洋霸主——沧龙 96

什么是恐龙

自从第一块恐龙化石被发现，这种巨大的动物就给人类带来了无穷的想象，而关于它们的知识，全部来自于对其化石的研究。

皮肤上附着鳞甲，属于卵生，这点符合爬行类家族的特征。

除了一对眼孔，恐龙的头骨后面还有两对孔。目前这种头骨结构只有在恐龙及鳄鱼、翼龙、鸟类中有发现。

恐龙可以直立行走，这也是它们能获得统治地位的重要原因之一。

恐龙秘密档案

恐龙在三叠纪早期，由最初的爬行类初龙进化而来，但是具有区别于爬行动物的特征。它们最初被发现时，由于化石巨大，且之前从未发现过类似化石，因此被认为是一种大型蜥蜴，故得名dinosaur，意思是"恐怖的蜥蜴"。但在我国和日本，dinosaur一般被翻译为"恐龙"。

恐龙骨骼图解

通过对恐龙骨骼的分析和认识,可以更加深入地了解恐龙的身体结构和特征。

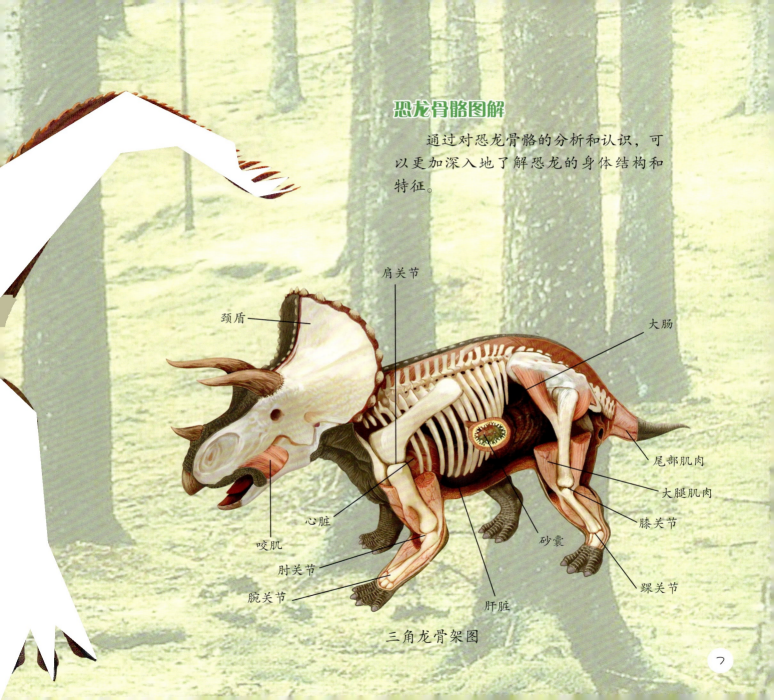

三角龙骨架图

恐龙的家族分支

随着恐龙化石的不断发现和研究，科学家们发现，恐龙实际上包括两类差异很大的动物群体，而两类恐龙的主要差别表现在腰带上。

蜥臀目恐龙

蜥臀目恐龙大小悬殊，小的只有一只小鸡那么大，而大的可以有几十米长。其中颈短、头大、前肢短、后肢长，两足行走的被称为兽脚类；而颈长、头小，四足行走的被称为蜥脚类。

蜥臀目恐龙有像蜥蜴一样的臀部

肠骨
坐骨
耻骨
蜥臀目恐龙腰带

凶猛的肉食兽脚类 胜王龙

大型植食蜥脚类 阿马加龙

鸟臀目恐龙

鸟臀目恐龙有两个共同特点：两足或四足行走、食素。由于以植物为食，相比肉食恐龙，它们就缺乏必要的"攻击性装备"，于是它们只好把自己保护起来。保护的方式多种多样，比如甲板、甲片、棘刺、角等，这使得鸟臀目恐龙的外形看上去丰富多彩。

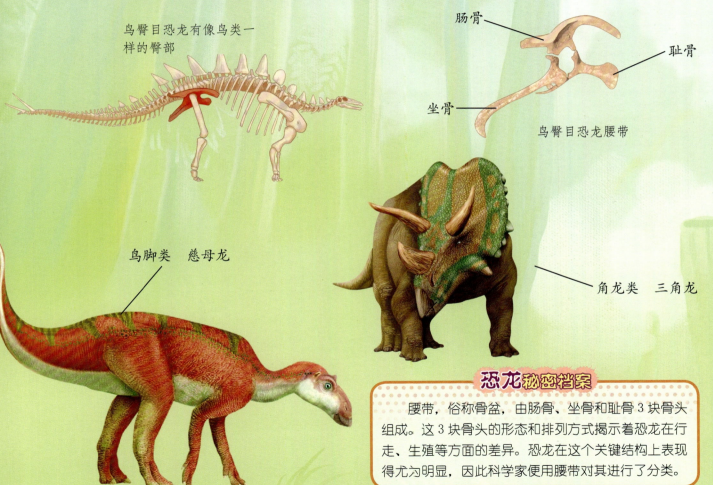

鸟臀目恐龙有像鸟类一样的臀部

肠骨
耻骨
坐骨

鸟臀目恐龙腰带

鸟脚类　慈母龙

角龙类　三角龙

恐龙秘密档案

腰带，俗称骨盆，由肠骨、坐骨和耻骨3块骨头组成。这3块骨头的形态和排列方式揭示着恐龙在行走、生殖等方面的差异。恐龙在这个关键结构上表现得尤为明显，因此科学家便用腰带对其进行了分类。

植食性恐龙

恐龙家族中既有"素食者",又有"肉食者"。以灌木、羊齿植物、树叶、树枝等为食的恐龙是植食性恐龙。它们多四足行走,头小体大,牙齿呈勺状、棒状或者叶片状。植食性恐龙不具备进攻性武器,但部分有防御性结构,比如骨板、骨刺或角等。

植食性恐龙的牙齿大多数呈钉子状,一生都可以不断地更换。

| 板龙 | 梁龙 | 异齿龙 | 剑龙 |

腕龙体形巨大,可以吃到几十米高的树上的叶子。

原角龙体形较小,主要吃地面上低矮的植物。

三角龙以低矮树木的树叶为食。

恐龙秘密档案

植食性恐龙的数量虽然比较多,但是它们之间很少为争夺食物发生矛盾,大打出手。这是因为不同植食性恐龙有各自喜欢的美味,会到不同地方进食植物。植食性恐龙的身躯特别庞大,为了满足身体的需要,它们一天要吃下大量的树枝、树叶及其他植物,为了促进消化,它们只能吞下石子,利用石子在胃部的翻动过程来磨碎食物,从而达到消化的目的。

植食性恐龙的防御大战

恐龙时代是一个弱肉强食的时代，每一只植食性恐龙都随时面临着肉食性恐龙的威胁，为此它们不断地进化，许多恐龙都具备了防御敌害的本领和武器，也正是这种生存危机的刺激，使得蜥脚类恐龙在侏罗纪时期繁盛一时。

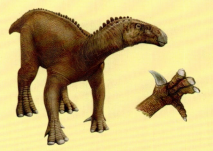

甲板

披甲类恐龙除了腹部，其他身体部位都覆盖有甲板，甚至包括头部，因此甲板是它们的防御武器。

尖爪

大多数禽龙科恐龙有一个共同点：前肢拇指长有锋利的爪子，这个钉子般的尖爪就是它们的防御武器。

尾巴

一些植食性恐龙将尾巴进化为武器，这些像狼牙棒和流星锤的尾锤，常常对肉食性恐龙具有致命的危险。

庞大的身躯

阿根廷龙是迄今发现的最大的恐龙，体长可达45米，体重可达100吨。它们虽然行动笨拙，有点呆板，但是庞大的身躯令人望而生畏，即使是再凶猛的肉食性恐龙也不敢贸然进犯，因此阿根廷龙几乎没有任何天敌。

肉食性恐龙

肉食性恐龙身体强健,牙齿长而尖锐,边缘有锯齿,一般前肢短,后肢长,直立行走,善于奔跑。它们的食物主要有植食性恐龙、昆虫、蜥蜴和哺乳类动物。

独行的大型肉食性恐龙

大型肉食性恐龙一般都是单独活动,依靠自己的力量捕食中到大型的植食性恐龙。它们常采取伏击的办法,在猎物经常出没的地方隐蔽起来,抓住机会,发动突然袭击,将猎物扑倒在地,撕咬对方的皮肉,从而彻底制伏、杀死猎物。

群居的小型肉食性恐龙

小型肉食性恐龙大都善于奔跑,常常几只聚在一起,群体捕猎。发现猎物后,伺机靠近,然后群起而攻之,用尖牙利齿撕咬猎物。

常用攻击武器

头部

头部占身体的比例较大,强壮有力,可以将植食性恐龙撞翻,甚至撞晕。

牙齿

血盆大口里长满匕首状的牙齿,长而尖锐,边缘有锯齿,可以快速咬死和撕碎猎物。

爪子

前肢具有锐利的爪子,帮助捕食。

二足

有的肉食性恐龙可以用二足迅速奔跑,追赶猎物。

杂食性恐龙

有一些恐龙既吃植物,又吃肉类,属于杂食性恐龙,比如镰刀龙、伤齿龙、窃蛋龙、似鸵龙、似鸡龙等。

恐龙的灭绝

强大的恐龙统治了地球长达 1.6 亿年之久,却突然间灭绝消失了,这成为生物史上的难解之谜。那么 6600 万年前,地球到底经历了什么?又是什么埋葬了这些神秘的动物呢?

恐龙秘密档案

1980 年,美国著名物理学家路易斯·阿尔瓦雷兹在恐龙灭绝年代的岩层中发现了极高浓度的铱元素。要知道,铱元素是陨石中常见的物质。所以,他认为当时在地球的某个地方一定发生过由小行星或彗星造成的大碰撞。而且小行星或彗星的直径大得惊人,应该至少有 10 千米。如果这个推测是正确的,那么这种撞击所产生的能量相当于 100 亿枚广岛原子弹。

大火

一些科学家认为,这次撞击事件使地球燃起了熊熊大火,全世界的森林都燃烧了起来。于是,像恐龙这种体形较大的动物几乎都葬身火海了。

酸雨

另一种理论认为,撞击事件所产生的化学物质导致了如洪水般汹涌的酸雨,是酸雨毁灭了地球上的一切。

黑暗

还有一种理论认为，由大碰撞产生的大量烟尘遮住了太阳。地球在几个月甚至几年的时间中处在一片黑暗之中。侥幸在大碰撞中逃生的恐龙在这种情况下不是被冻死了，就是被饿死了。

陨石坑证据

在墨西哥的尤卡坦半岛上一个叫奇克斯伦伯的小村庄附近，科学家们发现了一个巨大的陨石坑。这个陨石坑直径达180千米。科学家们推测这应该就是当时陨石撞击地球留下的证据。

恐龙留下的印记——化石

化石是指埋藏在地壳中的古生物的遗骸和遗迹变成的石头样的东西。化石非常坚硬，保存时间较长，大多数化石至少有上万年的历史。通过化石，人们可以知道古生物是怎么生活、以什么为食、如何繁殖等。目前，人类关于恐龙的知识，几乎全部来源于化石。

化石的形成过程

动物死去后，不会全部形成化石。因为化石是一种特殊物质，只有具备一定条件才可以形成。

❶ 一只恐龙死亡后，尸体慢慢开始腐烂。

❷ 只剩下骨骼和牙齿的恐龙渐渐被泥沙掩埋、压实。

骨骼化石

骨骼化石是古生物学家的主要研究对象。不过，比较完整的动物骨骼化石很罕见。

❸ 随着时间的推移，泥土一层又一层地沉积。恐龙的骨骼和牙齿在地下降解，矿物质重新结晶，经历"石化"过程，变得更加坚硬。

❹ 很多很多年以后，由于地壳上升、风化等作用的影响，恐龙化石暴露在人们的视野当中。

各种各样的恐龙化石

化石是研究恐龙的主要依据，古生物学家以此推断出恐龙的类型、数量、食性、捕猎方式等诸多情况。其中，常见的牙齿和骨骼被称为躯体化石，而足迹、巢穴、粪便等被称为遗迹化石。

存活至今的恐龙后代

现代鸟类被认为是从恐龙演化而来——一种长着羽毛、掌握了飞行技巧的"恐龙"。事实上，迄今为止已发现了许多恐龙有羽毛和会滑翔的化石证据，因此这种观点在生物界得到普遍认同。

最早的提出者

赫胥黎是英国博物学家。在一次研究实验中，他比较了巨齿龙和鸵鸟的后肢后，发现二者有共同特征，而这种特征却没有在其他动物身上发现。因此他提出了鸟类和恐龙可能有着密切的亲缘关系，从此揭开了"恐龙向鸟类演化"的研究序幕。

恐龙和鸟类的演变示意图

很久以前，一些小型兽脚类恐龙进化出了羽毛。它的身体上长有绒毛状的羽衣，脖子和脊背上还长出了羽冠。不过，这种羽毛还无法用于飞翔。长出羽毛的恐龙在陆地上跳跃捕猎，前肢变得强健，并进化出了能暂时飞离地面的大型羽毛。白垩纪时期，这种恐龙体形越来越小，尾羽逐渐变短，翼爪退化消失，外貌与现代鸟类更加相像。

孔子鸟

孔子鸟是迄今发现的第一种拥有真正角质喙嘴的鸟类,而雄性孔子鸟还带有长长的尾羽。它们在空气的托浮下,可以飞翔。

孔子鸟化石

羽毛化石

1996年,在辽宁发现了世界上第一个长羽毛的恐龙化石,即"中华龙鸟"的化石。这种恐龙身上长着黑色如头发丝的原始羽毛,为恐龙从鳞甲发展到羽毛提供了重要的信息,同时揭开了鸟类的羽毛是如何形成的这一谜题。

中华龙鸟化石

飞翔化石

小盗龙化石的出土为恐龙如何学会飞翔提供了线索。它们的四肢没有长长的飞羽,但全身披挂着羽毛,因此能在树林间滑翔。这可能就是早期鸟类的飞行方式。

小盗龙化石

恐龙秘密档案

除了鸟类,一些爬行动物也逃过了白垩纪时期的巨大灾难,并在温暖潮湿的环境中迅速繁盛起来,成为现代爬行动物的重要成员。其中鳄鱼被认为和恐龙有着共同祖先。

黎明的盗贼——始盗龙

1993年，在阿根廷月亮谷，古生物学家发现了一具恐龙化石，它是最早期的恐龙之一，因此命名为始盗龙，意为"黎明的盗贼"。也许正是它们踏上三叠纪大地的那一刻，正式宣告了恐龙王朝的到来！

眼睛

始盗龙的眼睛很大，视力极佳，但是它们的眼睛长在头顶两侧，虽然视野很开阔，却看不清正前方的东西，因此每当有敌人从前面进行偷袭，始盗龙便会变得手忙脚乱，忙于应付。如果敌人体形巨大，或者有一个厉害的"武器"，那么始盗龙常常难以逃脱。

始盗龙体长约1米，体重不超过11千克。

动物名片

- 生活时期：三叠纪中晚期（距今约2.28亿年前）
- 栖息环境：森林
- 食性：肉食（如小型动物、昆虫）
- 化石发现地：阿根廷

最早的大个子——板龙

板龙得名于腰带上一块像板子似的耻骨。在恐龙刚刚出现的三叠纪,板龙是恐龙王国的第一批"素食巨人"。

动物名片

- 生活时期:三叠纪晚期(2.19亿~2.10亿年前)
- 栖息环境:干旱的平原、沙漠
- 食性:植食(如蕨类、嫩树枝)
- 化石发现地:法国、德国、瑞士

大胃王

板龙是一个大胃王,从低矮的蕨类植物到高高的树枝,它们会一股脑地塞进嘴巴。在植物缺乏的季节,它们还会集体迁徙,因此在穿越沙漠的路上,常常会发生集体遇难的惨案。

板龙是板龙科最大的成员,身长可达8米。当它用后肢站立直起身子时,高度将近4米。

恐龙秘密档案

巨大的身体为板龙取食提供了便利,只要伸长脖子,高处的树叶就近在眼前了。不过,庞大的身躯也是一种负担,每当板龙站累了,它就会把尾巴当作凳子,坐下歇一歇。

懂得战术的理理恩龙

理理恩龙是一种生活在三叠纪时期的小型肉食恐龙。它们非常聪明，常常几只聚集，隐藏在河水中对猎物进行偷袭。

动物名片

- 生活时期：三叠纪中晚期（2.25亿~2.13亿年前）
- 栖息环境：森林
- 食性：肉食
- 化石发现地：德国、法国

理理恩龙有一个很大的弱点——头上有两片薄薄的脊冠，很不结实，一旦在捕食或搏斗中断掉，理理恩龙就会因为剧烈的疼痛而放弃猎物并逃走。

恐龙秘密档案

理理恩龙是一种凶残的恐龙，主要以小型恐龙为食。它通常选择在水岸边埋伏好，等待猎物在喝水时放松警惕，就猛地跳出来袭击对方，一举抓获猎物。

轻盈的猎手——腔骨龙

腔骨龙的名字来源于它中空的骨骼和轻盈的骨架，它的身体足有一辆小汽车那么长，可体重却只有一个几岁大的小孩子那么重。

恐龙秘密档案

关于腔骨龙还有一件令人激动兴奋的事，那就是在1998年，一块陈列在卡内基自然历史博物馆中的腔骨龙头颅骨化石搭乘美国奋进号航天飞机飞上了太空，并进入和平号空间站接受试验。这是继慈母龙之后第二种登上太空的恐龙化石。

腔骨龙体形修长，吻部比较尖，牙齿是典型的肉食性恐龙模样，尖锐如剑并向内部弯曲，周边有着细微的锯齿边缘，可以帮它更好地猎杀、撕咬猎物。

动物名片

- 生活时期：三叠纪晚期（2.08亿～2.00亿年前）
- 栖息环境：沙漠、平原
- 食性：肉食（如蜥蜴、鱼类和小腔骨龙）
- 化石发现地：北美

轻盈的身体

腔骨龙之所以这么轻，原因在于它们的头部和四肢。腔骨龙的脑袋大大的，但是上面有许多大孔，这样就减轻了头颅的重量；同时它们的骨架非常纤细，而且四肢骨头又都是空心的，所以庞大的腔骨龙就变得很轻盈。

大头蜥蜴——并合踝龙

并合踝(huái)龙的外表和腔骨龙非常像,但它的脚踝骨是连接在一起的,因此有了这个名字。并合踝龙成年后体长只有3米,可千万别小瞧它们,这种恐龙成群生活在一起,许多小动物见到它们都会退避三舍。

动物名片

- **生活时期**:三叠纪晚期(距今约2.194亿年前)
- **栖息环境**:林地及河岸
- **食性**:肉食(如鱼、动物腐尸、小型爬行动物,也可能吃同类幼儿)
- **化石发现地**:津巴布韦

轻盈的猎手

并合踝龙体态均匀,骨架中空,奔跑速度非常快;眼睛大似灯泡,可能是一种夜行性动物;拥有锋利的尖爪和锯子般的牙齿,可以轻易地撕咬猎物。所以说,小小的并合踝龙其实一种十分凶猛的恐龙。

恐龙中的小个子——鼠龙

20世纪，考古学家在阿根廷发现了五六具鼠龙幼龙的化石，其中最小的一具，算上尾巴，体长也只有20厘米，一双手就能捧得起来，看上去就像一只稍大点的老鼠，鼠龙的名字就是这么得来的。

动物名片

- **生活时期**：三叠纪晚期（距今约2.15亿年前）
- **栖息环境**：平原
- **食性**：植食
- **化石发现地**：阿根廷

恐龙秘密档案

鼠龙化石是古生物学家何塞·波拿巴带领其团队在阿根廷南部发现的，除了五六具幼龙的化石，还包括蛋巢、蛋壳化石。

最小的恐龙？

鼠龙是迄今为止发现的最小的恐龙，不过那只是鼠龙幼龙的化石。古生物学家研究了鼠龙幼崽的化石后，推测它们成年后的体长可能达到2～3米，体重可达70千克，算是一种小型恐龙。

头顶"王冠"的双嵴龙

凭借独特的外形,双嵴(jí)龙成为了一种很受欢迎的恐龙,在著名电影《侏罗纪公园》中,它们就曾出演过重要角色。

脆弱的头冠

双嵴龙最引人注目的地方就是头顶上长着一对高高耸起的骨质头冠。这对头冠从前额延伸到后脑勺,呈半月形,薄而脆弱,除了作为"装饰品"吸引异性、辨认同类,头冠几乎不可能有其他用途,更无法作为武器进行打斗。

动物名片

- **生活时期**:侏罗纪早期(2.01亿~1.89亿年前)
- **栖息环境**:河岸
- **食性**:肉食
- **化石发现地**:美国、中国

凶猛的掠食者——异特龙

在侏罗纪晚期的北美洲,有一种数量最多、体积最大且最为凶猛的掠食者,它们被称为异特龙。

异特龙眼睛上方有一对角冠,由延伸的泪腺所构成,上面可能有角质。

异特龙嘴里长满了锋利的牙齿,每颗牙齿可以长到10厘米长。

动物名片

- 🕐 **生活时期**:侏罗纪晚期(1.5亿~1.45亿年前)
- ⛰ **栖息环境**:平原
- 🍴 **食性**:肉食(包括腐肉)
- 🧭 **化石发现地**:美国、澳大利亚

外形

异特龙是肉食恐龙的典型代表:大而有力的脑袋,短短的脖子,粗壮的身体,尾巴长而直挺;前肢短小,有3指,指爪大而弯曲,长可达35厘米;后肢强壮,脚部有巨大趾爪,可以承受身体的重量。

奔跑健将——莱索托龙

轻盈的身体、修长的后腿，再加上灵活的尾巴，这些使得莱索托龙成为了一个快速、灵活的奔跑者。

夏眠

莱索托龙生活在沙漠里，当一年中最干旱的季节到来时，食物变得非常难找，于是它们钻入洞穴，开始夏眠。直到炎热过去，第一场小雨降落，它们才会醒来寻找食物，继续生活。古生物学家曾经挖掘出两具挤在一起的莱索托龙化石，更说明了这点。

动物名片

- 生活时期：侏罗纪早期（2.08亿~2.03亿年前）
- 栖息环境：沙漠、平原
- 食性：杂食（如叶子，也可能吃腐肉和昆虫）
- 化石发现地：非洲南部莱索托

恐龙秘密档案

莱索托龙非常警惕，即便在吃东西时也会保持紧张的状态，它会时不时地抬起头向四周张望，防止肉食恐龙突然袭击。

身体小巧的"盗鸟者"——嗜鸟龙

嗜鸟龙得名于善于攫取食物的前爪,并被认为是一种喜欢抓鸟吃的恐龙。甚至有的古生物学家大胆推测,嗜鸟龙也许还以始祖鸟等早期鸟类为食。

嗜鸟龙被冤枉了吗?

嗜鸟龙的拉丁名意思是"捕鸟者",之所以给它取这样一个名字,是因为它和始祖鸟生活在同一个年代,而且嗜鸟龙也有能力捕捉到始祖鸟。但实际上,并没有确凿的证据证明它曾经捕食过鸟类。不过,即便不吃鸟,嗜鸟龙也并不是个素食者,小型的哺乳动物和小恐龙都逃不过嗜鸟龙的追捕。

嗜鸟龙视力超群,可以敏锐地发现藏起来的小动物。

嗜鸟龙的前肢是捕猎的重要武器,能够弯曲的爪子可以紧紧抓住猎物。

动物名片

- **生活时期**:侏罗纪晚期(1.56亿~1.45亿年前)
- **栖息环境**:森林
- **食性**:肉食(可能包括鸟类和腐肉)
- **化石发现地**:美国

身穿"铠甲"的小盾龙

小盾龙身体狭长、四肢纤细,再加上长长的尾巴,极像现在的蜥蜴,而其意便为"有铠甲的小蜥蜴"。

动物名片

- 生活时期:侏罗纪早期(2亿~1.96亿年前)
- 栖息环境:森林、平原
- 食性:植食
- 化石发现地:美国亚利桑那州

身负铠甲

在法布龙科恐龙中,小盾龙是唯一一种长有骨甲的恐龙,而且从脖颈到后背长着骨板。这身骨甲也给它们增加了额外的重量,所以通常二足行走或奔跑的小盾龙,有时不得不以四肢行走来分担重量。

不太聪明的剑龙

剑龙是剑龙类恐龙中最大的成员,也是最知名的恐龙之一,因其背部排有两列大小不等的骨质棘板,以及尾部四根尖刺而闻名。

剑龙骨板的作用很有争议,有人认为是用来自卫;有人认为是用来调节体温;还有人认为那是剑龙的"身份证"。

动物名片

- 🕐 **生活时期**:侏罗纪晚期（1.55亿~1.44亿年前）
- ⛰ **栖息环境**:河湖丛林
- 🍽 **食性**:植食（低矮植物的嫩叶）
- 🔍 **化石发现地**:北美洲、欧洲

恐龙秘密档案

剑龙可能是恐龙王国中大脑最小的恐龙,相对于9米长的身体,它的大脑只有一颗核桃般大小,所以剑龙并不聪明,总是一副呆头呆脑的样子。即使情况危急,它们由于反应迟钝看起来总是很"淡定"。

长着三种牙齿的异齿龙

异齿龙是最小的鸟脚类恐龙，化石最早发现于20世纪60年代，它们身体娇小轻盈，大小如一只火鸡，视力极好，前肢可以抓取食物，后肢可以快速奔跑，灵活的尾巴可以平衡身体，由于异形牙齿而被人们熟知。

三种牙齿

异齿龙的第一种牙齿长在嘴巴前面，叫做切齿，这种牙齿非常锋利，可以利落地切断坚硬的植物；第二种牙齿长在嘴巴的两侧，叫做颊齿，颊齿紧密地挨在一起，负责咀嚼食物；第三种牙齿是一对向外翘着的犬齿形牙齿，是异齿龙有趣而独特的标志，这对大獠牙能当作武器保护自己，雄性异齿龙的獠牙还能当作装饰品吸引雌性异齿龙。

动物名片

- 生活时期：侏罗纪早期（距今约2.05亿年前）
- 栖息环境：沙地灌木丛中
- 食性：杂食（树叶和植物块茎，还有可能吃昆虫）
- 化石发现地：南非

爬树高手——美颌龙

美颌龙的身体和现代的鸡大小差不多,但不要因此小瞧它,它可是典型的肉食性动物,性格很凶悍。美颌龙的化石表明,它是一位迅疾如风的奔跑家。

爬树高手

美颌龙体形娇小,身体轻盈,能很轻松地顺着树干爬到树上追捕猎物。恐怕在恐龙世界中,再也找不到像美颌龙这样厉害的爬树高手了!

美颌龙的骨骼是中空的,这样有助于减轻体重,让它能更快速地追捕猎物。

动物名片

- 生活时期:侏罗纪晚期(1.55亿~1.45亿年前)
- 栖息环境:温暖湿润的地区和低地
- 食性:肉食(如昆虫、蜥蜴、小型哺乳动物)
- 化石发现地:德国、法国

恐龙秘密档案

美颌龙是一种很有名气的恐龙,它们不仅娇小轻盈,拥有漂亮中空的头骨,还具备灵敏的视觉、纤细的后肢、长长的尾巴,这使得它们行动起来十分敏捷、出击十分准确。最特别的是,美颌龙的前肢比后肢更细小,前肢有三指,都长着利爪,这大大方便了它们抓取猎物。

鼻子上长角的角鼻龙

角鼻龙的鼻子上方长着一只短角,眼睛前方也有类似角的突起。不仅如此,它们的背部还生长着一串骨质甲片。古生物学家认为角鼻龙应该是一种行动快速的掠食者。

角的秘密

古生物学家常常猜测角鼻龙鼻子上方的短角有什么用处。有人认为它是用来攻击、恐吓敌人的武器,可是它太短了,一点杀伤力都没有。又有人觉得它是求偶、示爱的工具,但并没有证据来证明这一点。

动物名片

- **生活时期**:侏罗纪中晚期(1.65亿年前)
- **栖息环境**:森林覆盖的草原
- **食性**:肉食
- **化石发现地**:美国、坦桑尼亚

恐龙秘密档案

角鼻龙的捕食场面非常残忍、血腥。它们总是用尖锐的爪子将猎物制伏,然后用锋利的牙齿使劲撕咬,直到猎物鲜血淋漓,奄奄一息。

角鼻龙的后肢修长结实,长长的尾巴健壮有力,这些结构都有利于角鼻龙快速奔跑。

凶猛残忍的蛮龙

蛮龙是侏罗纪时代最大型的肉食恐龙之一,凶猛残忍,参差不齐又异常锋利的牙齿是辨认的主要依据。

发现蛮龙

1972年,第一件化石在美国科罗拉多州莫里逊组的干梅萨采石场被发现。虽然到目前还没有发现完整的蛮龙骨骼化石,但经测量其上颌骨长可达47厘米,头颅骨长可达1.8米,根据这种巨大的头部结构可以推测,蛮龙绝对是一只大型的肉食恐龙,体形甚至超过了异特龙。

动物名片

- **生活时期**:侏罗纪晚期(1.53亿~1.45亿年前)
- **栖息环境**:多树平原
- **食性**:肉食
- **化石发现地**:美国、非洲

第一种被命名的恐龙——巨齿龙

早在1677年,一位英国牧师零星地发现了许多巨齿龙的骨骼化石,不过他当时以为这是"巨人的遗骨"。直到一百多年后,又有人发现巨齿龙的颌骨和牙齿化石,这才引起了生物学界的极大重视,最终为这些巨大的化石命名为巨齿龙。

动物名片

- 生活时期:侏罗纪中晚期(1.64亿~1.59亿年前)
- 栖息环境:森林
- 食性:肉食
- 化石发现地:英国、法国、摩洛哥

巨齿龙的上下颌骨长满了牙齿,牙齿不仅大,而且尖锐、弯曲,边缘呈锯齿状。

残暴的肉食者

成年巨齿龙是一个成年人的2倍高,体长比两只犀牛还要长,头很大,嘴巴里长满了巨大的牙齿,四肢还长着长长的可怕的爪,是一种残暴、危险、充满攻击性的肉食恐龙。

剑龙的祖先——华阳龙

古生物学家认为，华阳龙算得上是剑龙类的"老祖宗"了。华阳龙的后代虽然又高又大，但华阳龙体形较小，平时不仅只能吃那些低矮的植物，还是许多肉食恐龙的目标。

动物名片

- 生活时期：侏罗纪中晚期（1.65亿年前）
- 栖息环境：森林、草地
- 食性：植食（如低矮植物）
- 化石发现地：亚洲

外形与习性

和后来的剑龙类相比，华阳龙的嘴部前端要更短更宽，上颌前端还长有牙齿。更有意思的是，华阳龙四肢的长短几乎一样，而剑龙类则是后肢长、前肢短。华阳龙是群居生活的动物，一般3～5只组成一群，由强壮的雄性担任首领，以此对付那些凶恶的肉食性恐龙。

独行的猎手——永川龙

永川龙发现于我国重庆市永川地区,是目前已知我国最大的侏罗纪肉食恐龙。它们脾气暴躁,喜欢独居,常常会攻击植食恐龙。

模样

永川龙的脑袋很大,上面有6对窟窿眼儿,减轻了头部的重量,使它们行动起来更方便、轻盈。另外,永川龙的前肢短小而灵活,可以很轻巧地抓住猎物,同时有与鸟类相似的三趾型足掌,利于它们快速奔跑。

动物名片

- 生活时期:侏罗纪中晚期(1.6亿年前)
- 栖息环境:丛林、湖泊
- 食性:肉食
- 化石发现地:中国

恐龙秘密档案

永川龙常常在丛林和湖滨出没,它性格孤僻,就像现在的豹子和老虎一样,喜欢单独行动。

恐龙中的"剑客"——沱江龙

沱江龙生活在中国四川盆地,是剑龙的亲戚。它的脖子、脊背到臀部,长有十几对三角形的骨板,看起来比剑龙的还要尖利。

骨板

要说剑龙类恐龙中谁身上的剑板最多,那一定就是沱江龙了。沱江龙长着至少15对骨板,尾巴上还有4根细长的圆锥形尖刺。另外,沱江龙的骨板形状多种多样,从脖子到背脊,骨板逐渐变大、变高,也越来越尖利。

动物名片
- 生活时期:侏罗纪中晚期(1.6亿年前)
- 栖息环境:丛林、湖泊
- 食性:植食
- 化石发现地:中国

沱江龙的背板和现在的太阳能板一样,可以从阳光中吸取热量。

尾巴上长锤子的蜀龙

蜀龙身体强壮结实,颅骨长而扁,匙状牙齿小而坚硬,四足行走但后肢明显长于前肢,过着集体生活,经常一大群地在湖边、沼泽边晃悠,寻找鲜嫩的植物。

在1989年,古生物学家发现蜀龙的尾巴末端有1根骨质的棒子,是增生的脊椎所形成"尾锤"。这个尾锤呈椭圆状,大小就像一个足球,可能是蜀龙独特的防身武器,用来击退肉食恐龙。

蜀龙的牙齿长而细,其中前颌齿有4颗,颌齿有17~19颗,白齿为21颗。这种牙齿使得蜀龙平时多以的植物为食。

动物名片

- 🕐 生活时期:侏罗纪中期
  (1.7亿~1.6亿年前)
- ⛰ 栖息环境:河畔、湖滨地带
- 🍴 食性:植食
- 🔖 化石发现地:中国四川省自贡市

尾巴长长的梁龙

梁龙凭借一条超级长尾巴在恐龙王国中独树一帜,这条尾巴实在太长了——如果把梁龙的尾巴立起来,相当于5层楼那么高。因此,梁龙被认为是目前尾巴最长的恐龙。

梁龙的尾巴又细又长,好像一根鞭子。如果遇到危险,梁龙就会甩动尾巴,狠狠抽击敌人,把它们打跑。

动物名片

- 生活时期:侏罗纪晚期(1.55亿~1.45亿年前)
- 栖息环境:平原
- 食性:植食(如树叶等)
- 化石发现地:非洲、欧洲、美洲

脚步声

梁龙是一种群居……会发声,平时都是用"脚步……交流。沉重的脚步声会从地面……传出,就算同伴无法看到,也会很快从脚下感觉到,顺利找来。

恐龙秘密档案

梁龙的鼻孔位于眼睛之……。当它们在陆地上遭遇肉食恐龙的袭击时,会快速寻找湖泊,逃入水中躲藏起来,只将鼻孔露出水面便于呼吸,从而躲过追杀。

脖子最长的恐龙——马门溪龙

马门溪龙的脖子非常长，约占了身体的一半，如果和现在脖子最长的动物长颈鹿比试，也足有它的3个脖子那么长。

小脑袋

与庞大的身躯和超长的脖子相比，马门溪龙的脑袋显得十分小巧，可能还不如它的颈椎骨大。不过这也有道理，如果马门溪龙长了一个和异特龙一样的大脑袋，那么它的脖子根本无法抬起来。

恐龙秘密档案

马门溪龙的化石是在我国四川宜宾市的马鸣溪渡口旁的建设工地上发现的，经过确认这是一个新的恐龙品种，因此应该根据发现地给它取名为马鸣溪龙，但宣布命名的研究人员说话时带有方言口音，马鸣溪龙被误听为马门溪龙，就这样，马门溪龙的名字这样被确定了。

动物名片

- 生活时期：侏罗纪晚期（1.56亿~1.45亿年前）
- 栖息环境：三角洲和森林区域
- 食性：植食（如叶子和嫩叶）
- 化石发现地：中国

能使大地震动的恐龙——地震龙

地震龙用四只脚行走，走得缓慢又笨重。每当一群地震龙行走时，常常会发出"轰隆轰隆"声，这时整个大地都在颤动，就像地震一样，所以"地震龙"可不是徒有虚名哦！

动物名片

- 生活时期：侏罗纪晚期（1.55亿~1.44亿年前）
- 栖息环境：森林、平原
- 食性：植食（如树叶）
- 化石发现地：美国

龙的尾块骨比含

地震龙的脑袋和嘴巴都很小。细小而扁圆的圆形牙齿只长在嘴的前部，后部几乎没有任何可以用来咀嚼的牙齿，所以地震龙吃植物时，从来不咀嚼，而是一口吞下肚。

恐龙秘密档案

为了解决消化问题，地震龙像其他植食恐龙一样，也会吃下许多石子，大的如拳头，小的如鸡蛋，在胃里相互摩擦，促进消化。古生物学家曾经在美国新墨西哥州挖出一条地震龙的肋骨化石，里面竟然有230多颗胃石，这样的数量还真是令人震惊啊！

拥有"第二大脑"的腕龙

腕龙是一种非常有名气的恐龙,也是有史以来陆地上最巨大的动物之一。人们计算过,一只成年的腕龙,从头到尾大约有23米长,体重达到30～50吨!

> **动物名片**
> - 生活时期:侏罗纪晚期(1.56亿~1.45亿年前)
> - 栖息环境:平原
> - 食性:植食(如树叶和针叶树的嫩枝)
> - 化石发现地:东非、美国

腕龙头顶上的丘状突起,就是它的鼻子。

腕龙的脖子十分柔软,可以灵活转动,可以抬起小脑袋吃到高树上的叶子。

"第二大脑"

腕龙四足行走,前肢明显比后肢长,因此整个身体沿肩部向后倾斜,类似现在的长颈鹿。由于身体实在太庞大,腕龙除了用小脑袋里的大脑控制脖子和身体外,腰部还有一个膨胀、变大的中枢神经,被称为"第二大脑",代替大脑分管内脏和四肢。

温顺的巨龙——圆顶龙

圆顶龙是侏罗纪晚期北美大地上最常见的恐龙,名字来源于其独特的拱形头颅骨。这种恐龙不太聪明,但是非常温顺,平时成群生活在一起。

动物名片

- 生活时期:侏罗纪晚期(1.50亿~1.40亿年前)
- 栖息环境:平原
- 食性:植食(以粗硬的植物为主)
- 化石发现地:美国、墨西哥

圆顶龙的牙齿粗大,呈勺形,如果牙齿被磨蚀,还能长出新牙代替旧牙。

恐龙秘密档案

圆顶龙吃食时从不咀嚼,而是将蕨类或裸子植物的叶子整片吞下。但是圆顶龙的消化系统非常强大,会吞下砂石来帮助胃消化食物。

最早被命名的恐龙之一——大椎龙

大椎龙又名巨椎龙,意为"巨大脊椎的恐龙"。这是由于古生物学家第一次发现它们时,只有几块巨大的脊椎骨。

组合型牙齿

大椎龙有一个独特的地方——牙齿。它们嘴巴前端的牙齿呈圆形,后端的牙齿呈刀片状,这种"组合型"牙齿说明,大椎龙不会很挑食,那些粗糙的植物对它们来说简直是"小菜一碟"!

大椎龙的个子很高,相比之下头就显得很小。

动物名片

- **生活时期**:侏罗纪早期(2.08亿~1.83亿年前)
- **栖息环境**:低地和沙漠平原
- **食性**:杂食(如植物、小动物等)
- **化石发现地**:美国、莱索托、纳米比亚、津巴布韦

最原始的禽龙——弯龙

弯龙是禽龙科中最原始的恐龙。当弯龙四足站立时，脊背拱起，尾巴和脖子下垂，使它们看起来就像是一座弯弯的拱桥，于是便有了弯龙之名。

一边呼吸一边吃

弯龙有很特别的牙齿，它的牙齿位于嘴巴后方，边缘非常锐利，可以切割苏铁等坚硬的植物。不仅如此，灵活的颌部关节可以前后移动，帮助弯龙把食物磨碎。另外，弯龙的口腔顶部还有一个骨质次生腭，这能让弯龙一边进食一边呼吸。

动物名片

- 生活时期：侏罗纪晚期（1.55亿~1.45亿年前）
- 栖息环境：树林
- 食性：植食（如低矮植物和灌木等）
- 化石发现地：北美洲、英国

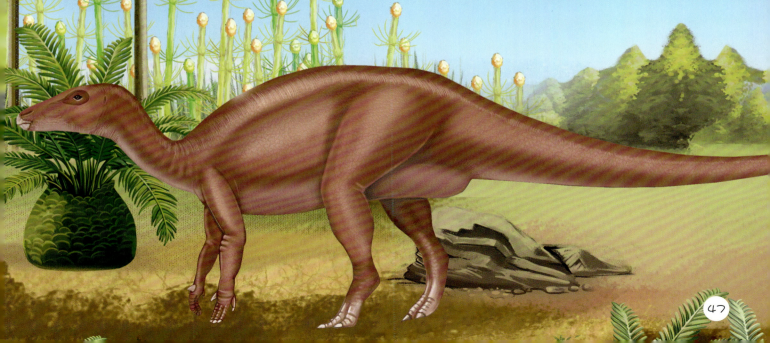

长着尖刺的钉状龙

钉状龙是剑龙类恐龙中的一种,和"标准"的剑龙相比,钉状龙的个头比较小。为了保护自己,钉状龙的身上长满了尖刺。

动物名片

- 生活时期:侏罗纪晚期(1.56亿~1.50亿年前)
- 栖息环境:森林
- 食性:植食(以低矮植物为主)
- 化石发现地:东非

钉状龙的双肩分别有一根长长的刺突伸向两侧,可用于自卫。

浑身是刺

钉状龙的大小和一头犀牛差不多,从脖颈到脊背中部有7对骨板,而脊背中部到尾端的长而尖的角,长可达几十厘米,且尾巴末端的一对刺向前倾,这不同于其他龙尾巴的棘刺向后倾斜。

最早被发现的恐龙——禽龙

禽龙是人类发现的第一种恐龙化石,也是第二种被命名的恐龙。由于牙齿与现代鬣蜥的牙齿极像,故得名"鬣蜥的牙齿"。

动物名片

- **生活时期**:白垩纪早期(1.4亿~1.25亿年前)
- **栖息环境**:树林
- **食性**:植食(如马尾草、蕨树、苏铁等)
- **化石发现地**:欧洲、非洲北部、北美洲

特别的爪子

禽龙的五根手指非常灵活。中间3根并拢起来呈蹄状爪,可以承受沉重的身体;第5指又细又长,可向手心弯曲,方便抓握。大拇指呈矛状,长着十几厘米长的尖爪。

恐龙秘密档案

禽龙的牙齿由一个医生首次发现,然而那时博物学家以为这颗牙齿属于一种巨型蜥蜴——鬣蜥,于是后来禽龙拉丁学名的含义就是"鬣蜥的牙齿"。

长着华丽羽毛的尾羽龙

尾羽龙是一种外形十分独特的恐龙,全身布满短绒毛,前肢呈翼状,且长着大片华丽的羽毛,尾巴上还有一束束扇形排列的尾羽。

从羽毛知道

尾羽龙的羽毛无法用于飞行,是用来保暖和吸引异性的。而对于古生物学家来说,尾羽龙的羽毛还有更重要的研究价值——这些羽毛具有明显的羽轴,也发育有羽片,总体形态和现代鸟类羽毛非常相似,是鸟类从恐龙演化而来的最明确的证据。

动物名片

- 生活时期:白垩纪早期(1.36亿~1.2亿年前)
- 栖息环境:湖边
- 食性:植食
- 化石发现地:中国

敏捷的捕食者——犹他盗龙

犹他盗龙的身体条件非常出色：个子高而体重很轻，跑起来很快，视力敏锐，反应速度超快。因此，犹他盗龙是非常厉害的恐龙猎手。

聪明的猎手

犹他盗龙是一种高智商的恐龙，会自己解决问题。除了智商高、反应快、武器厉害，犹他盗龙身体还很灵活，当它们在空中高高跃起时，可以突然转过身来。另外，犹他盗龙每小时可以奔跑大约50千米，这种速度在肉食恐龙家族中算是相当快的了。

犹他盗龙第2脚趾长约35厘米，是非常厉害的攻击武器。

动物名片

- 生活时期：白垩纪早期（1.26亿年前）
- 栖息环境：平原和林地
- 食性：肉食
- 化石发现地：美国

娇小的四翼恐龙——小盗龙

小盗龙大小与现代的鹰有些相似,全身长有羽毛,但它并不属于鸟类。古生物学家推测,小盗龙在树上长时间居住,经过多年滑翔才学会了飞行的本领。

食物

很长一段时间以来,古生物学界认为小盗龙只猎食鸟类和陆地小动物。直到在中国的火山灰中发现了一块小盗龙化石,发现其胃部有鱼的化石,人们这才相信,小盗龙有着多样化的食性,它们会捕食鱼类,甚至其他更大的猎物。

小盗龙的两对翅膀看起来格外显眼,其实这分别是小盗龙的前肢和后肢。

动物名片

- **生活时期**:白垩纪早期(1.3亿~1.25亿年前)
- **栖息环境**:森林
- **食性**:肉食(如蜥蜴、昆虫、小型哺乳动物)
- **化石发现地**:中国辽宁

小盗龙的牙齿只有一侧有锯齿,且牙齿向前勾。这意味着小盗龙不会在猎物挣扎时将其撕开,而是像鳄鱼一样,将猎物整个吞下。

恐怖杀手——恐爪龙

恐爪龙长久以来都被赋予了"恐怖杀手"之称,虽然个头并不高大,但是以速度和屠杀成为了白垩纪早期最凶猛的肉食恐龙之一。

动物名片

- 生活时期:白垩纪早期(1.15亿~1.08亿年前)
- 栖息环境:森林和沼泽
- 食性:肉食
- 化石发现地:美国

恐龙秘密档案

恐爪龙有一套独特的捕杀本领,发现猎物后,它会一下子扑上去,举起镰刀般的"恐爪",给对方造成致命的伤口。恐爪龙不会单打独斗,它们的体形较小,捕猎时会选择集体出击。面对这样一群凶猛的猎手,被围攻的猎物们只能自认倒霉了。

爱吃鱼的重爪龙

1983年，化石收藏家威廉·沃克在英格兰东南部一个泥坑里偶然发现了一个大爪子。因为这个爪子比他所见过的任何恐龙的爪子都要大，于是他就为这只巨爪的主人起名为"重爪龙"。

巨爪捕鱼

重爪龙拇指上有一个尖爪，长可达35厘米，像极了一对锋利的钩子。在巨爪的帮助下，重爪龙可以轻松地从湖水中捕鱼食用。和现代的熊很像，重爪龙每次抓到鱼，总会用嘴叼住，钻到蕨树丛中慢慢享用。

> **动物名片**
> - 生活时期：白垩纪早期（距今约1.25亿年前）
> - 栖息环境：河岸
> - 食性：肉食（如鱼类，也可能吃其他动物）
> - 化石发现地：英国、西班牙、葡萄牙

长着背帆的棘龙

棘龙是最大的兽脚类肉食恐龙之一。除了高大之外,棘龙背部的大"帆"同样让人过目不忘,这块"帆"有一个成年人那么高,也是棘龙成名的重要原因。

捕食达人

在肉食性恐龙家族里,很多恐龙的前肢都是非常短细的,但棘龙却不同。棘龙的前肢充满力量,不仅能下水抓鱼,还能快速捕杀其他动物,可谓是横行水陆两地的攻击性"武器"。这一点,就连凶猛霸道的霸王龙都比不上,更不用说其他肉食性恐龙了。

棘龙背部的"帆"是脊椎骨上长出的一根根脊柱,被皮膜包裹后就成了一面巨大的帆。

动物名片

- 生活时期:白垩纪中期(11200万~9500万年前)
- 栖息环境:热带沼泽地
- 食性:肉食(如其他恐龙,也可能吃鱼类)
- 化石发现地:阿根廷、北非

既像鸟又像龙——中华龙鸟

1996年,在我国辽宁省朝阳市的北票四合屯发现了一件震惊全世界的化石——看起来既像鸟,又像恐龙,这就是中华龙鸟。

用毒高手

中华龙鸟可能是世界上第一种能分泌毒液的恐龙。这是因为它有着和现生毒蛇、毒蜥蜴相似的沟槽牙齿。古生物学家推测,它在捕食时会先咬住猎物,将毒液注射到对方体内,然后再趁对方麻痹失去反抗能力时吃掉。

动物名片
- 生活时期:白垩纪早期(1.3亿~1.25亿年前)
- 栖息环境:森林
- 食性:肉食
- 化石发现地:中国辽宁

被冤枉的窃蛋龙

窃蛋龙是窃蛋龙类恐龙的代表。它们体形娇小，看起来就像一只火鸡，全身也许还披满羽毛。

窃蛋龙不偷蛋

古生物学家第一次发现窃蛋龙化石时，发现它正趴在一窝蛋上面，于是认为这是一只正在偷蛋的恐龙，就给它们起了这个充满嘲讽意味的名字。后来，随着越来越多化石的发现，人们才意识到这类恐龙并不是在偷蛋，而是像鸟类一样具有筑巢、孵蛋和保护幼仔的行为。可惜根据动物命名法，它们的名字已经无法更改了。

动物名片

- 生活时期：白垩纪晚期（8500万~7500万年前）
- 栖息环境：草原或半沙漠地带
- 食性：杂食（植物或肉类）
- 化石发现地：中国、蒙古国

窃蛋龙嘴巴里没有牙齿，但是尖锐的喙嘴强而有力，可以敲碎坚硬的骨头。

窃蛋龙的前肢很强壮，每个手掌长着三个指，而且每个指都长着尖锐弯曲的爪子。

行动敏捷的盗贼——伶盗龙

伶盗龙又叫迅猛龙,它们看起来就像一只火鸡,大小更是没法和暴龙、异特龙等相比。但是,伶盗龙行动敏捷,群体战斗力非常强大。

超强战斗力

别看伶盗龙的个子小,但是它很聪明,而且有锋利的牙齿和尖锐的爪子,奔跑起来又十分迅速。同时拥有敏捷的身手、有力的武器和聪明的大脑,内外兼备的伶盗龙可以算得上是恐龙家族中最完美的猎手了。

恐龙秘密档案

其实,在长一段时间里,都没有证据证明伶盗龙有羽毛,直到古生物学家们在一个伶盗龙化石的前臂上发现了6个羽茎瘤,这是鸟类骨头上用来固定羽毛的位置,人们这才明确了伶盗龙有羽毛。古生物学家们认为,伶盗龙的羽毛可能是用来吸引异性的,或在孵蛋时覆盖在蛋巢上,而不是用来飞行的。

动物名片

- 生活时期:白垩纪晚期(8500万年前)
- 栖息环境:沙漠、灌木丛
- 食性:肉食(如蜥蜴、哺乳动物、小型恐龙等)
- 化石发现地:蒙古国、中国

小型奔跑者——驰龙

驰龙四肢修长，身体表面覆盖着羽毛，可以快速奔跑，它们的名字在希腊文中的意思就是"奔跑的蜥蜴"。

动物名片

- **生活时期**：白垩纪晚期（7600万~7400万年前）
- **栖息环境**：森林、平原
- **食性**：肉食
- **化石发现地**：加拿大、美国、中国

恐龙秘密档案

目前驰龙的化石只发现了一件不完整的头骨和少量骨骼，所以还无法进行组装和复原。不过，古生物学家通过这仅有的几块化石，对驰龙有了初步认识，比如：驰龙的脑袋很大，是一种比较聪明的恐龙；有一双大眼睛，视力出色；四肢修长，可以迅速奔跑；身上有羽毛痕迹，是恐龙向鸟类进化的重要证据之一。

驰龙是人类发现的第一种脚上长着镰刀爪的恐龙——它的第2脚趾十分锋利，既能砍，又能劈，是一件厉害的"武器"。

噬人鲨般的大蜥蜴——鲨齿龙

鲨齿龙是大型肉食恐龙之一，它头很长，牙齿大而锋利。

动物名片

- **生活时期**：白垩纪中期（9800万~9300万年前）
- **栖息环境**：平原和树林
- **食性**：肉食
- **化石发现地**：非洲

鲨齿龙头部大而有力，牙齿锋利。

鲨齿龙前肢短小，后肢粗壮有力。

恐龙秘密档案

鲨齿龙意为"长着鲨鱼牙齿的蜥蜴"。这是因为其牙齿类似餐刀，又薄又利，有明显纹路，和现代大白鲨的牙齿很相似，故得此名。鲨齿龙成年后体长可达14米。

凶猛的掠食者——南方巨兽龙

南方巨兽龙拥有锋利的牙齿和强大的咬合力,可以说是南美洲历史上最大的陆地肉食动物。

双龙争霸

在南方巨兽龙生活的年代和地区,还居住着地球史上最庞大的植食恐龙——阿根廷龙。可想而知,两种恐龙难免会常常碰面,而聪明且奔跑迅速的巨兽龙想要享用这个"巨无霸"是非常困难的,这也可能是它们将体形进化到如此庞大地步的重要原因。

动物名片

- 生活时期:白垩纪中期(距今约1亿~9200万年前)
- 栖息环境:河岸
- 食性:肉食
- 化石发现地:南美洲

聪明的伤齿龙

伤齿龙因为拥有尖锐的锯齿状牙齿而得名。它们是所有恐龙中最聪明的,配合灵敏的视觉、听觉和善于奔跑的四肢,伤齿龙成为了白垩纪出色的猎手。

动物名片

- 生活时期:白垩纪晚期(7400万~6500万年前)
- 栖息环境:平原
- 食性:肉食(如蜥蜴、蛇、小型哺乳动物等)
- 化石发现地:加拿大、美国、中国

聪明的头脑

伤齿龙刚被发现时,人们还以为它是一种又呆又笨的恐龙,但经过深入研究,人们发现这个想法大错特错了。伤齿龙的大脑是恐龙中最大的,而且它的感觉器官非常发达,应该是一种聪明的恐龙。有些科学家认为它比现在的任何爬行动物都要聪明。

恐龙秘密档案

古生物学家研究称,伤齿龙的智商可以达到5.3,智力与现代的鸵鸟相近,甚至比现代的任何爬行动物都要聪明,堪称是恐龙家族中的"智者"。如果它们没有灭绝,现在或许已经进化为了"恐龙人"。

模样古怪的镰刀龙

镰刀龙的化石于 20 世纪 40 年代被一支国际考察队在蒙古国荒凉的戈壁滩上发现。当时人们凭借那个巨大的指爪推测，这种恐龙性情暴烈，应该是善于奔跑、攻击性强的肉食性恐龙。但事实上，它们温和善良，主要以植物为食。

恐龙秘密档案

在恐龙家族中，镰刀龙以模样古怪而著名。它们个子很高，脑袋却很小，脖子又细又长，还挺着一个"啤酒肚"。最不可思议的是，镰刀龙的大腿竟然比小腿还细，而又短又宽的脚板对于庞大的身体来说缺乏稳定性，所以镰刀龙是一种无法快速奔跑的恐龙。

动物名片

- 生活时期：白垩纪晚期（8000万～7000万年前）
- 栖息环境：戈壁、沙漠
- 食性：杂食（植物，也可能吃昆虫及小动物）
- 化石发现地：中国、蒙古国

镰刀龙的整个前肢可达 3 米长，而指爪比人的手臂还长。这些指爪平时主要用来钩取树上的枝叶、挖开白蚁的巢穴或者求偶。

头上长角的食肉牛龙

这种恐龙因为喜欢吃肉,而且长得和公牛有几分相似,所以就有了食肉牛龙这个名字。

动物名片

- 生活时期:白垩纪晚期(距今约7500万年前)
- 栖息环境:丛林、湖泊
- 食性:肉食
- 化石发现地:南美洲

"角"是食肉牛龙成年的标志,它们随着食肉牛龙慢慢长大,当这对角长到一定程度就证明食肉牛龙成年了。

食肉牛龙两只前肢特别短小,和庞大的身体相比非常不协调。

恐龙秘密档案

食肉牛龙得名于眼睛上方有一对类似牛的角。尽管目前只发现了一具化石,但是十分完整,只缺少了尾巴和部分腿骨。食肉牛龙是已知奔跑速度最快的大型恐龙,速度可达每小时60千米,堪称是白垩纪时期的"猎豹"。

长着鸟嘴的鹦鹉嘴龙

鹦鹉嘴龙长着喙状嘴，样子很像鹦鹉，因此得名"鹦鹉嘴龙"。

进食

柔嫩多汁的植物是鹦鹉嘴龙最喜欢的食物，坚硬的喙嘴可以帮助鹦鹉嘴龙咬断、切碎植物的根茎和果实。食物到嘴里后，它会用牙齿咀嚼食物，但是鹦鹉嘴龙的牙齿并不适合磨碎食物，所以它会吞食一些小石子来帮助消化。只不过这些石子并不是被吞进胃里，它们被储存在砂囊中，就像现在的鸟类一样。

动物名片

- **生活时期**：白垩纪早期（1.3亿～1.1亿年前）
- **栖息环境**：沙漠和灌木丛林
- **食性**：植食
- **化石发现地**：蒙古国、中国、俄罗斯

恐龙秘密档案

鹦鹉嘴龙目前被认为是最早期的角龙科成员。在所有恐龙中，鹦鹉嘴龙的化石堪称是最丰富、最完整的，已经发现了400多个化石标本，包括许多完整的骨架。

恐龙家族的好妈妈——慈母龙

慈母龙是恐龙王国最后存活的恐龙之一。它具备鸭嘴龙科恐龙的典型特点,拥有平坦的喙状嘴,且前部没有牙齿,鼻部较厚,眼睛前方有小型的尖状冠饰。

动物名片

- 生活时期:白垩纪晚期(8000万~6500万年前)
- 栖息环境:海岸平原
- 食性:植食(如树叶、果实和种子等)
- 化石发现地:美国、加拿大

尽职的父母

慈母龙可以称得上是恐龙王国里最尽责的"父母"了。小恐龙出世后,慈母龙不但会精心喂食,还会带着它们四处活动,教授其很多生活技能。每次外出时,慈母龙夫妇都会走在两侧,让小恐龙走在中间,以确保它们的安全。

小恐龙每天都要吃掉几百斤鲜嫩的植物、水果及种子,所以寻找食物是一项非常辛苦的工作。

以神命名的泰坦龙

泰坦龙是恐龙家族中分布最为广泛的恐龙,头小、尾长、颈短,四肢粗壮,是以希腊神话中的神——泰坦巨神命名的。

恐龙秘密档案

阿根廷古生物学家曾发现一具幼年泰坦龙的骨骼化石。这只泰坦龙的骨骼化石除了头部和颈部,从肋骨到尾巴几乎完整无缺,甚至一只脚上的脚趾和爪子都保存得相当完好。目前,在全世界只发现了一两具泰坦龙骨骼化石具备了完整的脚部。

动物名片

- 生活时期:白垩纪晚期
- 栖息环境:森林、平原
- 食性:植食
- 化石发现地:欧洲、非洲、亚洲、南美洲

超级巨龙——阿根廷龙

阿根廷龙体形巨大，虽然现在只发现了几块脊椎骨和腿骨化石，但古生物学家按比例进行测算后，估计这种恐龙身长35～45米，体重80～100吨。

动物名片

- **生活时期**：白垩纪早中期（距今约1.12亿年～9000万年前）
- **栖息环境**：森林、平原
- **食性**：植食
- **化石发现地**：阿根廷

生存

阿根廷龙体形巨大，号称"巨无霸"，这与其生长环境有关。阿根廷龙的祖先生活在侏罗纪时期，当时气候温暖，植物茂盛，所以它们长得极为庞大。到了白垩纪时期，由于地球环境发生很大变化，大部分蜥脚类恐龙无法适应新环境，纷纷死去，而生活在南美洲的阿根廷龙不但很好地适应了新环境，反而长得比自己的祖先还要庞大。

嘴巴扁扁的鸭嘴龙

鸭嘴龙生存于白垩纪晚期的北美洲。由于当时气候温暖，植物茂盛，且没有什么太大的天敌，所以鸭嘴龙家族发展得十分兴盛。

牙齿

鸭嘴龙体形庞大，可用后肢站立，头部没有冠饰，但口鼻处有一块硬的突起。令人吃惊的是，鸭嘴龙的嘴巴里长着成百上千颗牙齿，这些牙齿一层一层地排列着，上层的磨损后，下层很快会补上，因此鸭嘴龙也成为了牙齿最多的恐龙。

动物名片
- 生活时期：白垩纪晚期（8000万～7400万年前）
- 栖息环境：沼泽和森林
- 食性：植食（如树枝、树叶和种子）
- 化石发现地：北美洲

勇敢的蜥蜴——豪勇龙

豪勇龙又名无畏龙,拉丁文名意为"勇敢的蜥蜴"。豪勇龙的前肢大拇指呈钉状,背部的帆经臀部一直延伸到尾部。

隆起的背脊

豪勇龙的脊背并不是拥有"帆状物",而是隆肉,类似美洲野牛的隆肉。它们生活在炎热干旱的非洲,脊背的隆肉可能用来储藏脂肪或水,如同现在的骆驼,以便度过食物缺乏的季节。

动物名片

- 生活时期:白垩纪早期(距今约1.1亿年前)
- 栖息环境:河流三角洲地区
- 食性:植食
- 化石发现地:非洲

豪勇龙的前肢有拇指尖爪,但中间3根指骨宽广,类似蹄状,更适合于行走。

头顶"小号"的副栉龙

副栉(zhì)龙的头顶冠饰大而修长,向后方弯曲,看起来像一把小号,内部有中空细管,可以发出低沉的声音。

恐龙秘密档案

副栉龙有一个有趣的特点,它们虽然有数百颗牙齿,但是每次只使用少部分。牙齿被磨损后,还会长出新的牙齿。

动物名片

- **生活时期**:白垩纪晚期（距今约7650万~7300万年前）
- **栖息环境**:森林
- **食性**:植食
- **化石发现地**:北美

集体防御

副栉龙没有力量十足的尾巴,也没有坚硬的盔甲和锋利的牙齿,为了躲过肉食恐龙的追捕,它们选择成群地生活在一起,利用极好的视觉和灵敏的嗅觉及时发现危险。有时,它们也会用头冠发出警报或求救的信号。

恐龙中的"独角兽"——棘鼻青岛龙

棘鼻青岛龙发现于中国山东省莱阳市。这不仅是我国发现的最著名的有顶饰的鸭嘴龙化石,也是我国首次发现的完整的恐龙化石。

特别的角

棘鼻青岛龙两眼之间长着一个带棱且中空的棒状棘,向前突出,很像独角兽的角,长可达0.4米。这也使得棘鼻青岛龙成为了恐龙世界的"独角兽",不过对于这只角究竟有什么作用,目前还无法确定。

动物名片

- 生活时期:白垩纪晚期(距今约7000万年前)
- 栖息环境:树林
- 食性:植食(如树叶、水果、种子等)
- 化石发现地:中国山东

牙齿多多的埃德蒙顿龙

埃德蒙顿龙得名于加拿大一个叫埃德蒙顿的城市。它有将近一千颗牙齿,密集于上下颌后部,连成好几排,被强劲的面部肌肉连在一起,可以咀嚼植物。

动物名片

- **生活时期**:白垩纪晚期(7300万~6500万年前)
- **栖息环境**:沼泽地
- **食性**:植食
- **化石发现地**:美国、加拿大

声音

埃德蒙顿龙的鼻子上方有一块皱巴巴的皮肤,叫做鼻囊。每当遇到危险时,埃德蒙顿龙就会用力吸气,使鼻囊像气球一样膨胀起来,接着它们又把气吹出去,这时就会发出响亮的声音。当追求伴侣或向对手发出警告时,埃德蒙顿龙总是会用鼻囊发声。

像坦克一样的甲龙

甲龙是甲龙科中最大也几乎是最晚出现的恐龙。它们身体缀满数以百计的骨质甲片,从颈部到尾部有一排排骨质尖刺,有"活坦克"之称。

动物名片

- **生活时期**:白垩纪晚期(7400万~6700万年前)
- **栖息环境**:树林
- **食性**:植食(如嫩枝叶或多汁的根茎)
- **化石发现地**:玻利维亚、美国、墨西哥

尾锤

甲龙体形巨大,长可达11米,体重可达4吨。甲龙还有一个"杀伤性武器"——尾锤。只要甲龙猛力挥动尾锤,肉食性恐龙的头骨和牙齿都会被击碎。

最佳武装恐龙——包头龙

包头龙全身都被装甲包裹，甚至连眼睑上也武装着甲片。除此之外，尖利的骨刺像匕首一样插满全身，而尾巴更像一根坚实的棍子，尾端还有沉重的骨槌。

恐龙秘密档案

包头龙身披铠甲，尾部有沉重的骨槌，不过和其他甲龙科恐龙一样，包头龙也有一个弱点——柔软的腹部没有甲板的保护。肉食恐龙只要将包头龙弄得四脚朝天，那么它们就能以腹部为突破口，将包头龙吃掉。

动物名片

- 生活时期：白垩纪晚期（7000万~6500万年前）
- 栖息环境：森林
- 食性：植食（如低矮的蕨类植物等）
- 化石发现地：北美洲

包头龙的眼睛上覆盖着小小的甲板，就像一扇百叶窗，可以自动合上或打开，保护眼睛不受到伤害。

人类发现的第一只角龙——原角龙

原角龙是角龙类进化开始的标志，它体形较小，头较大，还没有长出真正的角，但鼻骨和额骨处有粗糙突起，且脖子上有颈盾，随着年龄的增长而逐渐扩展，一般雄性原角龙的颈盾大而粗壮。

幼原角龙

从目前已发现的化石可知，原角龙是群居恐龙，在下蛋时窝连在一起，且刚出世的小原角龙会得到父母的照顾，直到它们能独立生活为止。

动物名片

- 生活时期：白垩纪晚期（8500万~8000万年前）
- 栖息环境：灌木丛和戈壁、沙漠地带
- 食性：植食（如植物的茎、叶子等）
- 化石发现地：蒙古国、中国

原角龙……粗壮，前肢和后肢几乎一样长。

恐龙秘密档案

在蒙古戈壁中有一个叫火焰崖的地方。1923年，一支美国探险队在这里发现了大量原角龙化石，除了骨骼、巢穴、小恐龙，还包括许多恐龙蛋化石。这是人类第一次发现恐龙蛋化石！

长相奇怪的厚鼻龙

1905年，厚鼻龙于加拿大艾伯塔省被发现，并于当年被描述、命名。特别的是，厚鼻龙头骨的两眼之间有巨大的、平坦的隆起物。

动物名片

- 生活时期：白垩纪晚期（距今约7500万年前）
- 栖息环境：平原、荒漠
- 食性：植食
- 化石发现地：加拿大

武器

厚鼻龙两眼之间的"隆起"可能是用来和对手搏斗的武器。另外，厚鼻龙有隆起的颈盾，上面武装着角和刺突，且颈盾的形状、大小因个体不同而有差异。不过，目前只发现了十几块不完整的厚鼻龙头骨化石。

身材苗条的似鸟龙

似鸟龙拥有细长颈部、喙状嘴,外形极像鸟,所以又被称为"鸟类模仿者"。似鸟龙有翅膀,但并不会飞。它们的体重在150千克左右,翅膀可能拥有其他功能,例如求爱或者孵化幼仔。

动物名片

- **生活时期**:白垩纪晚期(7600万~6500万年前)
- **栖息环境**:森林、沼泽
- **食性**:杂食
- **化石发现地**:美国、加拿大

恐龙秘密档案

有翼飞行动物的起源一直是古生物学界的一个热门讨论话题。在对似鸟龙的化石进行细致研究时,科学家发现类翼前肢和数百个细丝状痕迹,说明它们长有羽毛。似鸟龙所在恐龙种群的化石记录的历史比手盗龙早数百万年。这一发现说明翅膀和羽毛出现的时间早于手盗龙类。

角龙之王——三角龙

在恐龙时代末期登场的三角龙，是角龙家族中最著名的一种，被称为"角龙之王"。它们的鼻角短小而厚实，眉角长可达1米，向前弯曲，长相看起来充满攻击性。

动物名片

- 生活时期：白垩纪晚期（6800万~6500万年前）
- 栖息环境：森林
- 食性：植食
- 化石发现地：美洲

斗争

三角龙是一种群居恐龙，因此内部常常会因为领地和配偶而展开决斗。三角龙的内部斗争比较温和，与现代的鹿相似，雄三角龙相互顶着对方的头部，你推我攘，直到把一方打倒或迫使对方放弃。

头顶厚厚头盔的肿头龙

三角龙会撞击对方的头部,用尖角攻击。其实,肿头龙也会这样做,不过它们没有角,厚厚的头骨就是它们的武器。

肿头龙的头顶是一个大约25厘米厚的坚硬的骨质盆,周围被粗糙的皮肤和许多突起物覆盖。

恐龙秘密档案

肿头龙是一种群居恐龙。为了争当首领,雄肿头龙之间会像现在的山羊一样,用"撞头"的方法一较高下。它们你顶着我的脑袋,我顶着你的脑袋,撞来撞去,直到一方认输或放弃。最后获胜的肿头龙往往是脑袋最硬、耐力最强的,也是最受大家尊敬的新首领。

动物名片

- 生活时期:白垩纪晚期(7400万~6500万年前)
- 栖息环境:森林
- 食性:不确定。推测以树叶和果实为食,也有可能吃小动物
- 化石发现地:北美洲

恐龙家族的"小丑"——冥河龙

冥河龙那复杂又精巧的骨板,以及头顶、鼻子和嘴巴附近长长的棘状物,让人看起来觉得异常狰狞。

发现

1983年,冥河龙化石首次在美国蒙大拿州的地狱溪发掘出土时,其遗骸像地狱恶魔般令人惊骇!遗憾的是,迄今只发现了五具冥河龙的头骨化石,以及一些零零碎碎的身躯遗骸,因此对其了解较少。整体来说,冥河龙体形较小,头部有一个坚硬的圆形顶骨,周围布满了锐利的尖刺,前肢细小,有坚硬的长尾巴。

动物名片

- 生活时期:白垩纪晚期
- 栖息环境:森林和岸边
- 食性:植食
- 化石发现地:北美洲

凶猛的恐龙王——霸王龙

霸王龙是人们熟知的恐龙之一，同时也是肉食恐龙家族中出现最晚、体形最大、最凶猛有力的一种恐龙。

恐龙之王

在白垩纪晚期，霸王龙凭借着一辆像公共汽车那么庞大的身体、强壮有力的头部，四处横行霸道，捕杀掠食，几乎没有对手，是恐龙王国中残暴的君王。

霸王龙眼睛长在高高头颅的上方，所以不仅看得很远，还能将双眼的视力集中起来，因此看到的物体很立体。

霸王龙的嘴巴里长满了牙齿，大约有60颗，每颗有15厘米长，看起来极像一根根香蕉，所以霸王龙的牙齿又被称为"香蕉牙"。

动物名片

- 生活时期：白垩纪晚期（6850万~6550万年前）
- 栖息环境：森林和岸边沼泽地
- 食性：肉食（各种恐龙和哺乳动物）
- 化石发现地：美国、加拿大、墨西哥

同类相残的恐龙——玛君龙

玛君龙是马达加斯加地区最大型的肉食恐龙,几乎没有对手。它们是唯一有直接证据显示"同类相残"的恐龙。

同类相残

在许多玛君龙骨头上发现的牙齿痕迹,不仅与该地区植食恐龙化石上的牙齿痕迹相似,而且这些牙齿痕迹的间隔、大小、边缘的锯状齿,都与玛君龙自己的牙齿相符合,"同类相残"是对这些牙齿痕迹最恰当的解释。

动物名片

- **生活时期:** 白垩纪晚期(距今7000万~6500万年前)
- **栖息环境:** 丛林和湖泊一带
- **食性:** 肉食
- **化石发现地:** 非洲马达加斯加

恐龙的远亲近邻

从侏罗纪到白垩纪晚期，随着恐龙在陆地称霸，一些爬行动物因为生存范围减小、食物缺乏，便离开了陆地，飞到空中生活，或迁移到了水中。这些被称为翼龙、鱼龙的天空、海洋霸主和陆地上的恐龙共同统治着地球。翼龙和鱼龙虽然也被称为"龙"，但它们并不属于恐龙，最多也只能算是恐龙的"远亲"。白垩纪晚期，恐龙的这些"亲戚"种类大大减少，并最终随着恐龙的灭绝而一起灭亡。

翼龙的骨骼构造

翼龙身体的进化是其飞行的重要条件。它的骨架通过减少骨块而变得小型、轻盈，但肋骨却变深、变短；同时较大的头骨由于有孔洞，因此也较轻。

- 小型、轻盈的骨块
- 能够飞行的具有类似鸟类翅膀的翼膜
- 肋骨较短

海洋居民的变化

从陆地到海洋，生活环境发生了巨大的变化，因此这些"搬家"后的爬行动物纷纷"改头换面"，变成了流线型的身体。

- 流线型的身体大大减少了水的阻力，提高了游动的速度。
- 似鳍状的尾巴是"加速器"，左右摇摆推动身体前进。
- 鼻孔长在头顶，当需要呼吸时，它们将头顶露出水面；当回到海中时，便用鼻盖将鼻孔盖住，以免海水流入。
- 鳍状的四肢交错摆动，犹如"船桨"，负责平衡和掌舵。

振翅飞翔的蓓天翼龙

三叠纪后期出现了一个进化飞跃的过程——脊椎动物飞上了天空，这些飞上天空的脊椎动物被称为翼龙。蓓天翼龙就是翼龙家族中的一员。

动物名片

- 生活时期：三叠纪中晚期（2.28亿~2.15亿年前）
- 栖息环境：河谷和沼泽地带
- 食性：杂食（主要为飞行昆虫）
- 化石发现地：意大利

形态

蓓天翼龙是目前发现最早能够真正振翅飞行的脊椎动物之一。其头骨大而轻盈，同时骨架也较轻，因此体重很轻；双翼展开约60厘米，薄膜连接在第4指上；牙齿呈圆锥形，利于咬碎昆虫等食物。

蓓天翼龙标志性的尾巴长可达20厘米，由骨节组成，能够在飞行中平衡身体。

牙齿外突的喙嘴龙

喙嘴龙是一种原始而著名的恐龙，它的尾巴很长，末端有一个舵状的皮膜，因此又被称为"舵尾喙嘴龙"。

形态

喙嘴龙体长约60厘米，身披细小皮毛，脖子较长，头骨大而重，尖锐的牙齿向外突出，翼展可达1米。喙嘴龙尾巴具有"方向盘"的功能，只需稍稍摆动，即可改变飞行方向。不过幼年喙嘴龙尾巴末端无"锤子"，而是呈柳叶刀形，之后才会慢慢长出钻石形"锤子"。

喙嘴龙体长约60厘米，身披细小皮毛。

喙嘴龙头骨大而重，尖锐的牙齿向外突出。

动物名片

- 生活时期：侏罗纪中晚期（1.65亿~1.50亿年前）
- 栖息环境：沿海岸边
- 食性：肉食（如鱼类、昆虫等）
- 化石发现地：德国

巨龙身上的寄生者——蛙嘴龙

每一个巨大的梁龙背上都寄居着十几只"小不点",它们就是来自翼龙家族的蛙嘴龙。蛙嘴龙翼展约50厘米,细小的嘴巴里长满了钉状牙齿,是贪婪的昆虫捕食者。

动物名片

- 生活时期:侏罗纪晚期（距今约1.45亿年前）
- 栖息环境:林地
- 食性:肉食（以昆虫为主）
- 化石发现地:欧洲

寄生

当梁龙从林子穿过,惊起昆虫时,蛙嘴龙便争抢着飞起来,捕食昆虫。蛙嘴龙一生都在梁龙背上度过,包括吃食、交配、打斗、成长,只有在产卵时才会暂时离开。

在海边滤食的南翼龙

南翼龙最显著的特点除了长长的脑袋,还有修长弯曲的下颌骨,上面长满密密麻麻的牙齿。这些牙齿非常细小,数量可达几千颗。

秘密档案

南翼龙的牙齿功能与现在的须鲸相似,使嘴巴变成了一个"筛子",可以过滤海水中的浮游生物;而上颌骨的牙齿多用来梳理下颌的牙齿。现在,人们通常利用这个怪异的嘴巴辨认南翼龙。

动物名片

- 生活时期:白垩纪早期(距今约1.25亿年前)
- 栖息环境:海岸边、湖泊
- 食性:杂食(以浮游生物为主)
- 化石发现地:阿根廷、智利

最大的飞行者——风神翼龙

风神翼龙站立时有长颈鹿那么高,双翼展开时可以覆盖整个网球场。飞行时,就像一架飞机在翱翔。如此庞大的体形使它成为当时地球上最大的飞行动物。

动物名片

- 生活时期:白垩纪晚期(8000万~6500万年前)
- 栖息环境:平原、林地
- 食性:肉食(如淡水节肢动物、腐肉等)
- 化石发现地:美国

据说风神翼龙是地球上滑翔速度最快的动物,它每扇动一次翅膀就可以滑翔2千米,如同风神一般有御风而行的本领。

秘密档案

1975年,一位古生物学家在墨西哥边界处发现了一些巨大的翼龙翅骨化石。他灵光一闪,想起了墨西哥土著人非常崇奉的一位风神——一条长着羽毛的怪蛇,象征着风调雨顺,于是就给这些翅骨化石起名为风神翼龙,或称羽蛇神翼龙。

最爱吃鱼的无齿翼龙

无齿翼龙的生存地带从寒冷的北冰洋一直延伸到温暖的墨西哥湾,范围非常广泛。因为喜欢吃鱼,它们几乎一整年都聚集在海边繁衍生息。

长长的冠饰

无齿翼龙在白垩纪晚期数量非常多,是一个家族旺盛的种群。它们巨大的冠饰向后延伸,几乎与喙嘴在同一条直线上,二者合起来长可达2米,十分夸张。古生物学家认为,这种冠饰的功能类似于飞机的尾翼,主要是起平衡作用,同时帮助它们飞翔在上升气流中。

- 生活时期:白垩纪晚期(8500万~7500万年前)
- 栖息环境:沿海岸边
- 食性:肉食(如鱼类等)
- 化石发现地:美国

在海上奔跑的掠海翼龙

掠海翼龙意为"海上奔跑者",是一种在海上奔跑捕食的"恐龙"近亲,它们飞行时将下颌拖到水里,捕食鱼类。

秘密档案

掠海翼龙头颅骨的长度为1.42米,口鼻部尖、缺乏牙齿,巨大而突起的冠饰是其主要的识别特征。但对于其冠饰功能目前还不清楚,吸引异性、鉴定物种身份或是调节体温均有可能。

动物名片

- 生活时期:白垩纪中期(距今约1.08亿年前)
- 栖息环境:海岸边
- 食性:肉食(如鱼类等)
- 化石发现地:南美洲

海洋杀手——幻龙

幻龙的身体修长，呈流线型，脖子和尾巴都非常灵活。它的牙齿又尖又细，就像一根根细针一样。幻龙合上嘴巴，牙齿上下相扣，可以形成一个封闭的"笼子"，把猎物困在口中。

动物名片

- 生活时期：三叠纪（2.48亿~2.06亿年前）
- 栖息环境：海岸地区
- 食性：肉食（如鱼类、虾等）
- 化石发现地：世界各地

幻龙脚掌演化为鳍状，有的还长着爪形足。

突袭捕猎

幻龙的脖子很长，脖颈肌肉很发达，因此一些科学家推测，幻龙在捕猎的时候，很可能转过长脖子，扭头突袭路过的鱼群。这种"声东击西"的行为和鳄鱼很像。

秘密档案

幻龙通常生活在海洋，但有时也会上岸活动，尤其是繁殖季节，一条条母幻龙会拖着沉重的"大肚子"到沙滩上产卵。

脖子长长的蛇颈龙

蛇颈龙头部较小,身体短而扁平,四肢进化为鳍状,尾巴呈锥状,一条细长灵活的脖子从身体中间穿过,看起来与现代的乌龟十分相似。

动物名片

- 生活时期:三叠纪(2.48亿~2.06亿年前)
- 栖息环境:海岸地区
- 食性:肉食(如鱼类、虾等)
- 化石发现地:世界各地

秘密档案

蛇颈龙的食物包括许多外壳坚硬的蛤蜊和螃蟹,因此会吃石头来促进消化。不过,它们吃石头还有一个重要的原因——蛇颈龙的四只侧鳍无法抬起超过臀部,这样身体就不能全部沉入海中,为了增加身体重量,潜入海中捕食,蛇颈龙也会故意吞下许多大大小小的石头。

长脖子

长脖子是蛇颈龙重要的生存武器。它们既用长脖子从海底寻找食物;遇到危险时,也是利用长脖子来调整方向,以便迅速逃跑。蛇颈龙一旦没有了长脖子,它们会很难生存下去。

眼睛巨大的大眼鱼龙

大眼鱼龙，看到这个名字，我们就可以知道，它是"大眼睛的鱼龙"。大眼鱼龙的眼睛是所有史前动物中最大的，几乎占据了整个脑袋。

鱼龙科动物有一个共同特点，眼睛四周包裹着一圈巩膜。巩膜是一种环形骨质碟片，可以在强大的水压下保护眼部软组织不受伤害。

秘密档案

大眼鱼龙嘴巴细长，侧鳍平坦宽大，尾鳍酷似月牙状。古生物学家推测，大眼鱼龙视力极佳，习惯于夜间捕食，甚至能游到很深的海底觅食。

动物名片

- 生活时期：侏罗纪晚期~白垩纪早期（1.61亿~1.45亿年前）
- 栖息环境：海洋
- 食性：肉食（如鱼类、枪乌贼和其他软体动物等）
- 化石发现地：欧洲、北美洲、南美洲

海中猛兽——滑齿龙

滑齿龙是一种巨型海洋猛兽,是侏罗纪时期的海洋霸主。它嘴部前端的牙齿像花瓣一样向外张开,上下颌还长有尖锐的牙齿,可以轻易地将一辆中型汽车咬成两半。

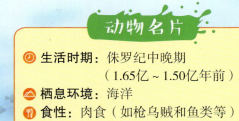

动物名片

- 生活时期:侏罗纪中晚期(1.65亿~1.50亿年前)
- 栖息环境:海洋
- 食性:肉食(如枪乌贼和鱼类等)
- 化石发现地:法国、英国、德国、俄罗斯

灵敏的嗅觉

滑齿龙的嗅觉十分发达,它在游动时张开嘴,使水流穿过鼻孔,可以轻易地嗅出猎物的气味,从而在无法用视力捕猎的深海也可以轻易获取食物。

秘密档案

对于滑齿龙的鳍状四肢,古生物学家也有不同推测:前鳍可以上下拍动,后鳍则可以作出踢打和旋转的姿势。这种功能与蛇颈龙科动物都不同。

远古海洋霸主——沧龙

沧龙有一辆公共汽车那么大,性情非常凶猛,是白垩纪海洋中最大、最成功的掠食者。

动物名片

- **生活时期**:白垩纪晚期(7900万~6500万年前)
- **栖息环境**:海洋
- **食性**:肉食(如枪乌贼、鱼类和贝壳等)
- **化石发现地**:加拿大、美国、比利时

伏击战

沧龙不适合长时间的高速追逐战,因此它们更喜欢隐藏在海藻或礁石旁,用灵敏的舌头探测猎物,一旦发觉猎物靠近,便猛地飞速冲出,大口咬住猎物,而被沧龙咬住的猎物一般没有逃生的可能。